DÉBUT D'UNE SÉRIE DE DOCUMENTS
EN COULEUR

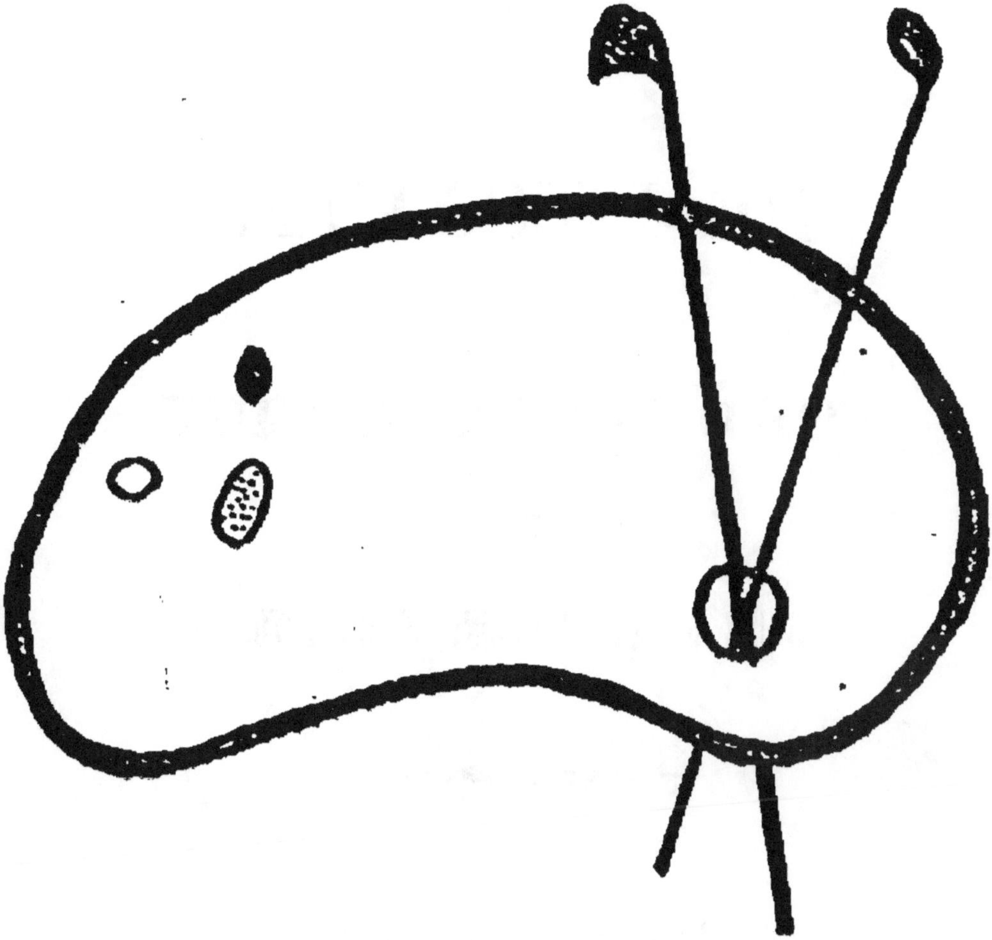

DE L'ÉGYPTE,

DU

NORD DE L'AFRIQUE

ET

D'UNE REVANCHE PACIFIQUE DE 1870.

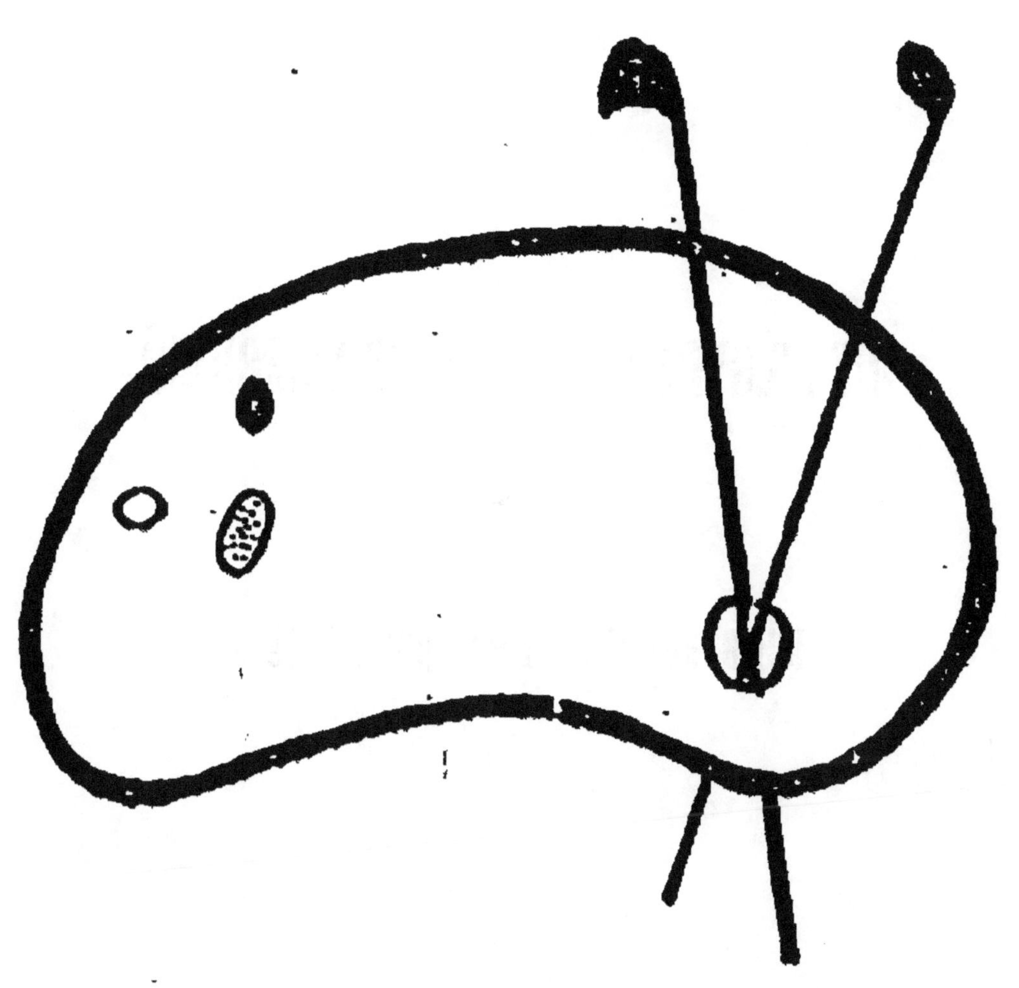

FIN D'UNE SERIE DE DOCUMENTS
EN COULEUR

DE L'ÉGYPTE, DU NORD DE L'AFRIQUE

ET

D'UNE REVANCHE PACIFIQUE DE 1870.

TABLE DES MATIÈRES.

AVANT - PROPOS.

Que de fois ne voit-on pas, dans l'histoire, les peuples s'agiter et se mettre en mouvement vers un but dont ils n'ont qu'une conscience obscure? Peu à peu la clarté se fait dans leur esprit; mais avant qu'elle soit complète, que de fausses démarches, que de tournoiements sur place, que d'erreurs! Que de fois on se croit en face d'une question, alors que c'en est, en réalité, une autre qui se présente.

Ces époques de préparation ont un caractère qui les fait facilement reconnaître : les événements sont grands, les hommes petits et dominés par eux.

La question égyptienne qui trouble si fort les politiciens d'Europe en général et ceux de France en particulier, offre un exemple de cette absence de vue claire des problèmes qui s'imposent au monde civilisé. On croit simplement à une phase nouvelle de la vieille question d'Orient, et c'est un fait nouveau, immense, qui prend place au soleil et dans quelques années absorbera toute l'activité des puissances de l'Europe et particulièrement de celles qui ont part aux rivages de la Méditerranée.

Ce fait nouveau, c'est la découverte (le mot n'est pas trop fort) du centre de l'Afrique par les grands voyageurs dont les noms sont sur toutes les lèvres. Ces contrées qu'on nous avait dépeintes comme d'arides déserts constamment brûlés par le soleil sont les plus belles, les plus riches et sur bien des points les

plus salubres du globe. Ce sera l'honneur du xix°
siècle d'avoir dévoilé l'Afrique, ce sera l'honneur et
la tâche du xx° de conquérir ces vastes contrées
à l'activité et à la civilisation de l'Europe : nous
aurons commencé l'œuvre, nos enfants l'achèveront.

Cette œuvre immense peut-elle être accomplie par
par un seul peuple?

Non.

Elle doit l'être par plusieurs et au profit de la
famille européenne tout entière.

CHAPITRE I.

CANAL DE SUEZ.

Le Canal de Suez est la propriété du monde civilisé; il n'appartient pas plus à un peuple qu'à un autre.

Même en cas de guerre, il doit rester neutre. Les belligérants doivent pouvoir le traverser comme en temps de paix et se battre, s'ils le veulent, soit dans la Méditerranée, soit dans la mer Rouge, soit dans la mer des Indes.

Le Canal de Suez est le lieu d'asile du moyen-âge.

CHAPITRE II.

L'ÉGYPTE AUX ANGLAIS.

Le Canal de Suez étant neutralisé d'une façon complète, l'Égypte aux mains de l'Angleterre ne sera un danger pour personne. Sous son administration vigilante et éclairée, les intérêts européens y trouveront une protection et une sécurité jusqu'à ce jour inconnues.

Quant aux indigènes, leur sort sera bien plus doux, les impôts moins écrasants et plus justement répartis. Il arrivera là ce qui est arrivé dans les Indes : le joug des Anglais sera mille fois moins lourd que celui des princes indigènes

Si le fellah doit parvenir un jour au self-government, il y arrivera plus vite et plus sûrement sous la tutelle de l'Angleterre que livré à lui-même ou au parti des colonels amis ou ennemis des Turcs.

CHAPITRE III.

TRIPOLI A L'ITALIE.

Les Italiens n'avaient pas complétement tort, en voyant, d'un mauvais œil, la France établir son protectorat en Tunisie.

Si l'alliance autrichienne n'eut pas été le pivot de la politique de M. de Bismark, il est certain qu'il eut aidé l'Italie dans son mauvais vouloir.

L'Italie aura raison de prendre pied sur cette terre d'Afrique vers laquelle l'appellent de si grands souvenirs, théât e ces exploits de ses ancêtres, civilisée par eux et où lle peut trouver dans les temps modernes un légitime aliment à son activité et à son esprit d'entreprise.

Elle sera heureuse d'avoir la frontière orientale de sa nouvelle possession garantie par l'Angleterre et l'occidentale, par la France. Tranquille sur ses flancs, elle pourra hardiment porter au sud son action civilisatrice.

CHAPITRE IV.

TUNIS et l'ALGÉRIE à la FRANCE.

On ne s'étonnera pas que Tunis et l'Algérie soient attribués à la France ; elle les possède déjà et à moins de vouloir la faire disparaître de la surface du globe, nul ne peut songer à lui enlever la possession ou le protectorat de ces riches contrées.

C'est là qu'elle est appelée à faire œuvre de civilisation et à marcher de concert avec les autres puissances à la conquête du centre de l'Afrique et à l'ouvrir au commerce du monde.

CHAPITRE V.

LE MAROC à L'ESPAGNE.

Il est un peuple qui par son énergie persévérante et dans une lutte plusieurs fois séculaire a coupé une des cornes du croissant qui menaçait de rejoindre l'autre et d'étouffer le monde chrétien.

Sans Christophe Colomb, il eut probablement porté tout le poids de ses efforts sur le nord de l'Afrique et y eût fondé un empire durable.

Voilà ce peuple, après plusieurs siècles, ramené à porter les yeux sur ces pays.

On sait les aspirations de l'Espagne à l'égard du Maroc

Elles sont légitimes.

Si l'Egypte est aux Anglais, Tripoli à l'Italie, Tunis et Alger à la France, le Maroc est à coup sûr à l'Espagne.

CONCLUSION.

Ne serait-ce pas un beau spectacle de voir l'Angleterre, l'Italie, la France, l'Espagne maîtresses du nord
de l'Afrique, marcher ensemble, le flambeau de la
civilisation à la main, pour ouvrir ces immenses
contrées à l'activité et au commerce de l'Europe !

Au point de vue Français, l'Egypte, aux mains des
Anglais, serait notre plus sûre sauvegarde. Nous
n'avons plus à craindre qu'une explosion de fanatisme
musulman sous l'inspiration des idées panislamistes du
calife ; ce courant ne pourrait plus arriver jusqu'à
nous : l'Angleterre en Egypte, l'Italie à Tripoli lui
opposeraient une barrière infranchissable.

En Europe, l'Italie et l'Espagne sont sur nos fron-
tières ; nous vivons bien dans leur voisinage, pourquoi
en serait-il autrement en Afrique ?

Ne vaudrait-il pas mieux les avoir pour voisines que
des Etats à demi-barbares, où se réfugient les tribus
ennemies et où elles préparent leurs attaques contre
nous ?

Au point de vue Européen, quelle garantie contre
toute guerre ? Pour mener à bien leur œuvre en Afrique
les quatre puissances auraient besoin en Europe d'une
paix profonde.

Qui pourrait résister à l'Angleterre, à la France, à

l'Espagne et à l'Italie, surtout lorsque ces puissances n'auraient qu'un but, le maintien de la paix?

Que ces choses s'accomplissent et le bassin de la Méditerranée redeviendra ce qu'il a été dans les siècles passés, le centre du monde civilisé !

Se faire des amies de l'Angleterre, de l'Italie et de l'Espagne, suivre résolûment la vaste carrière qui s'ouvre devant elle en Afrique, ce sera pour la France une revanche excellente et pacifique de la guerre de 1870.

Provins. — Imp. A. Vernant.

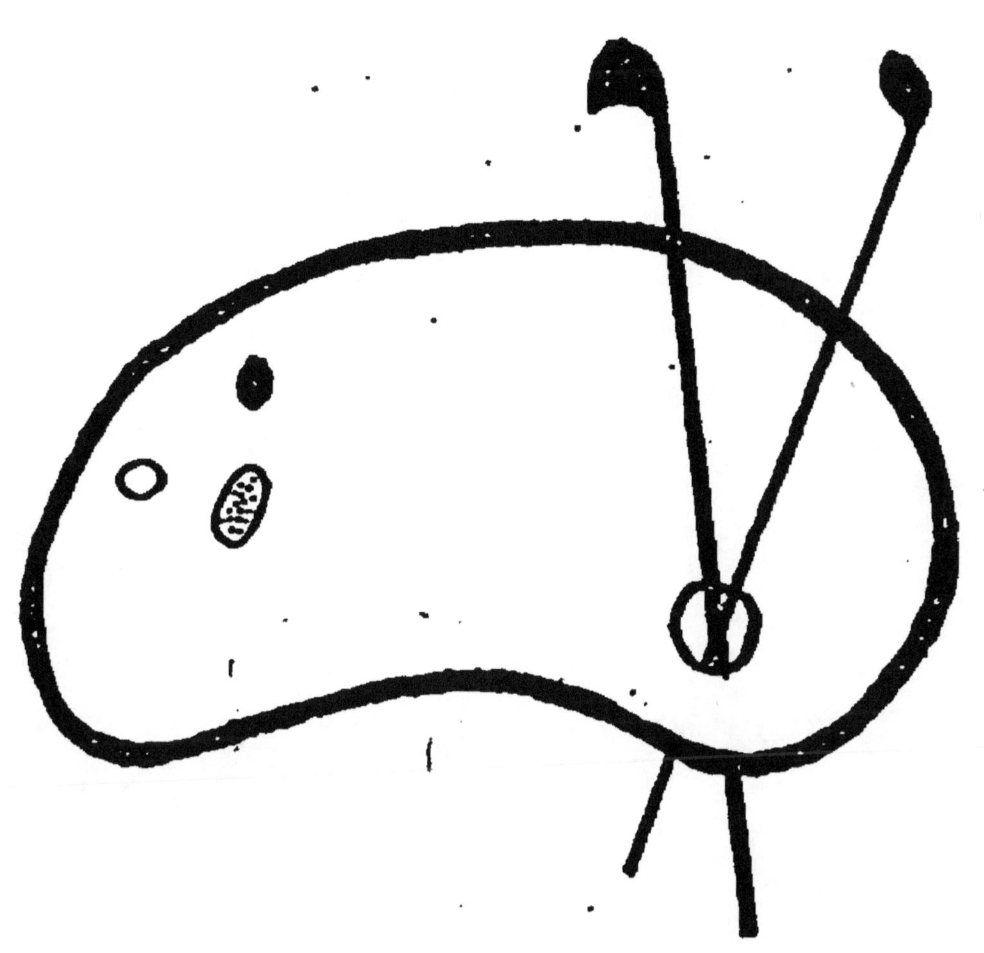

ORIGINAL EN COULEUR

NF Z 43-120-8